Die vorliegende Gedichtesammlung offenbart einen Reigen von
lyrischen Beiträgen unterschiedlichster Art:
philosophische Anschauung, Lebensglück, Liebe, Leid, Tod,
politische Reflexionen, Begegnungen mit Menschen,
bedient somit ein weites Spektrum menschlicher Regungen.

Kleine Kreise

Gedichte des Lebens

von

Herbert Piltz

Frankfurt am Main
2007

Impressum
©2006 Herbert Piltz
Herstellung und Verlag: Books on Demand GmbH, Norderstedt
ISBN-13: 978-3-8334-7059-2

Vorwort

Die kleinen Kreise des Lebens, in denen jeder sich bewegt, können in größere Kreise einmünden.

Das Schicksal kann sich erweitern zu großen Momenten und Begegnungen:
mit Freude, Leid, Trauer, Liebe, und Erkenntnis, mit deren Konfrontation man oft nicht rechnet.

Bald, indes, mögen sich die großen Kreise wieder verengen, zusammenschrumpfen auf das Maß
des eigentlichen Kerns, der eigenen Seele selbst.

Bis dann nur noch der Kreis des „ Ichs " in seiner gewaltigen Begegnung mit dem Ende, dem
Übergang zum „ Alles " übrig bleibt!

Als gelernter Germanist und Philosoph, der die Sprache über alles liebt, habe ich versucht, die
Themen, in meiner ureigenen lyrischen Form, zu übersetzen.

Vielleicht mag dem einen oder anderen Leser manches an Gedanken bekannt vorkommen,
in jedem Fall ist der Fakt, dass jeder seinen eigenen Kreis im Leben beschreiben muss, eine zwar
erschreckende aber auch überaus tröstende Tatsache !

Herbert Piltz

Das Leben und die Liebe

An die Liebe

Ich sehe uns im Raum der Zeit,
stehend auf der Spitze der Gedanken;
über uns im Licht die Ewigkeit,
unter uns die menschlichen Begriffe wanken.

Gemeinsam diesen Ort verlassen,
schwebend sei der Geist,
die Liebe bei den Händen fassen
und sich versenken in das grelle Licht,
das schmerzend meist, selbst das letzte Menschsein
bricht.

Erwachsen im Stadium des irdischen Lebens:
der Geist unserer Liebe,
enthoben der Zeit;
endlich erreicht der Sinn unseres Strebens,
Sein in der Unendlichkeit.

Ohne Liebe

Die Liebe - jene holde Frucht
war reif und fiel vom Baume
sie war mir einst die schönste Sucht
an Gottes hellem Waldessaume !

Der Rest ist ausgedörrtes Obst
bleibt auf kahlem Boden liegen
selbst wenn du seinen einstigen Geschmack hochlobst
wird doch das Welken bald obsiegen !

Nie mehr den verführerischen Apfel ich erheisch
ich vermiss schon den Geschmack
von jener frischen Süße Fleisch
ich nimmer mehr der Liebe Zipfel pack´ !

Ein Leben scheint das nicht zu sein
im Schatten jener großen Sorgen
selbst die Erinnerung scheint grau und klein
was soll das Hoffen auf ein Morgen ?

Doch verbiet ich mir zu große Pein
zu schön war Alles um mich her
es kann wohl nichts von Dauer sein
ist doch der Kelch des Lebens erst halb leer !!!

Die Lebensaufgabe

Ich geb´ mein Leben auf
mit Eilpost an die Liebe
Antworten ? ich harre drauf
wenn nur nicht das Warten bliebe !

Ich hab´ die Aufgabe zu leben
ein einzig und erschöpfend Mal
da kann es gar nichts Schönres geben
nur das Sterben ist die Qual !!

Das Leben aufzugeben heißt
Gottes Geschenke zu verprellen
wenn du vom einz´gen Dasein weißt
wird es für immer deinen Geist erhellen !!!

Ungenannt

Gedenke oft der Zweisamkeit
mit der geliebten Schönen,
mir bleibt nur noch die Einsamkeit
wer wird mich jetzt verwöhnen ?

Sie war der Inbegriff der Treue
mit einem großem Herzen,
die Sekunden ohne Reue,
wenn ich denk an unsre Liebe, unser Scherzen !

Gemeinsam sang´n wir Lieder,
war´n jede Nacht zusammen,
beide sagten wir uns immer wieder:
mein Lieb´, mein Herz, nur Du kannst es entflammen !

Verschwunden sind die Sonnenstrahlen,
jener Tage, die uns Glück bescherten,
zurück bleibt nichts im Licht, dem fahlen,
als Stunden, die nicht wiederkehrten !

Es war trotzdem umsonst nicht alles,
man hat den Sinn des Seins erkannt,
da das bei uns bestimmt der Fall ist,
bleibt ihr süßer Name ungenannt !!

Der Muse Macht

Vermiss der Muse leises Flüstern,
wenn ich den Federkiel gen Himmel recke,
einst war die Liebe keck und lüstern,
heut´ bringt sie Spott und Trauerecke !

Wo ist des Frühlings Odem hingeströmt,
die zarten Liebesbande sind verflogen,
der Gott hat mich zu sehr verwöhnt,
doch zu verzagen, wär´ verlogen !

Die süßen Wangen jener Elfen,
ich durft´ sie streicheln und liebkosen,
die Pfeile Amors sollten helfen,
verwöhnte sie derweil mit Rosen !

Wenn jeh nur etwas meine Seele rührte,
war´s dieser Kuss, auf unsrem Liebeslustgemach,
so wie ein Traum, den ich dort spürte,
ich wollt´, ich würde niemals wach !!!

Das rote Kleid

Flüchtig war der Kuss der Wangen
die rote Kleidung war Signal
es steigerte noch mein Verlangen
sie war so fern... welch Höllenqual

Ihre Lippen waren süße Zeugen
als sie sprach von Gott und Welt
mocht´ mich noch näher zu ihr beugen
mein Blick auf ihren Körper fällt

Die Zeit verging mir viel zu schnell
der Abschied war wie Tod
ihr Lächeln macht die Seele hell
ihr Kleid war schön und rot

Die ewige Nymphe

Sie wartete im Schein der Lichter,
stand vor mir wie ein süßer Schatz,
ihre Schönheit, die beschreibt kein Dichter,
Gedanken hatten keinen Platz !

Mit Erdbeerlippen.... purpurrot
hauchte sie den leisen Gruß,
was dieser Anblick alles bot...
was Begehren alles dulden muss !

Trotz ihrer zarten neunzehn Jahr´,
trat sie mir als Frau entgegen,
ich streichelte ihr langes Haar,
küsste sie am End´ verwegen !

Wir saßen bald im Weinlokal,
sie war schöner als das Meer,
wir tranken aus dem Glückspokal,
es schien als würd´ er niemals leer !

Ein wilder Tanz der Leidenschaft,
der süße Kuss war lang und heiß,
ein tiefer Schluck vom Lebenssaft,
ihr Lächeln schloss den Seelenkreis !

„Don Juan"

Mit an die tausend schöner Frauen
rang ich in den Betten.
Doch jede zweite wollt sich „trauen",
konnt´ mich noch gerade retten !

Ich mochte gern die „Milden",
die süßen „Abgekühlten";
hold war´n mir eher die „Wilden",
die heftig in den Laken wühlten !

Ein einzig Mal fand ich „die Eine",
die keusch und auch die Katze war,
doch ließ sie mich am End´ alleine,
mein Leben war der Liebe bar !

Fand bei keiner Nächsten Reinheit,
die Suche wollt nicht enden... ;
den Traum von allerhöchster Einheit,
doch wird bestimmt das Blatt sich wenden !!!

Der Kuss

Sanft küsste mich das Leben wach,
ein letztes verzweifeltes Mal,
mit aller Macht göttlicher Lippen.
Du berührtest mich durch ihren sanften Mund,
der mir ein Versprechen zu geben suchte,
das einzuhalten, schwer dem Augenblick entstieg.
Kurz nur leuchtete der Wonne Angesicht
wie die warme Knospe eines zarten Körpers, der wie
glitzernder Schnee der Wärme meiner Hände,
in süßen Tränentropfen entronn´,
noch ehe ich ihn zu denken vermochte.

Doch setzte ich mein Wollen und Handeln ein,
um selbst der Tränen Schmelz zu sein;
gäb´ mir der Geist der Seele Kraft,
mit ihr mich zu vereinen, im ewigen fließenden Sein
des Stroms der Liebe.
Ohne zu ahnen, dass aller Seelentau sich doch
verbinden wird im stillen Meer der Ewigkeit.
Seine Flut trägt uns weise an´s Gestade
der im gleißenden Hell versinkenden Insel Gottes !

Für C.

denk´ ich an den wind
der herbstes laub und fühlings blütenstaub
vor sich hertreibt
in die süßen hallen der natur
von einem namen singt er nur
der süßer noch als alles
was je ein menschenauge sah
was phantasie in einer seele je gebahr...
DIE LIEBE

Der nächste Tag

Im ersten Licht des nächsten Tages
strich leis´ der Atem meiner Sinne
über mein einziges Herz.
In der Erfüllung eines Traumes
lag mein einsames Begehren.

Der Kuss, der Seligkeit versprechen sollte,
entsprang dem Willen eines flüchtigen Gedankens
an die Herrschaft über mein zu erlösendes Sein !

Beim Berühren ihrer zarten Haut,
die wie ein glatter, unergründlicher See
vor mir lag, gesäumt vom Dunkel
ihrer Wärme und Liebe verstrahlenden Augen,
sah ich am Ufer Ihre purpurnen
zum Selbst werdenden Lächeln geöffneten Lippen !

Als mein Herz ihre Stille verlassen konnte,
nahm ich ein kleines Stück
ihrer geliebten Seele mit in das geheime Reich
meines mir selbst verhießenen Traumlandes:
Das stetig wogende im hellen Sonnenlicht
der Treue leuchtende endlose Meer
eines gold glitzernden Feldes der Liebe.

Das Leben und die Natur

Nur ein kurzer Blick in die Natur

Dem Mensch scheint´s eine Ewigkeit,
er macht wohl zu viel Pläne ;
dem Meere der Glückseligkeit
schenkt Gott nur eine Träne.

Freue dich du Erdenkind,
du teilst den Kosmos mit dem Mond;
die Zeit ist wie ein Wirbelwind,
sie formt den Stoff in dem sie wohnt !

Ein Leben voller Abenteuer,
die Gnade ist komplett;
dein Antrieb sei das ew´ge Feuer,
die Liebe sei dein Ruhebett !

Bist nicht allein in dem Theater,
alle spielen mit,
kommst früh genug zum Himmelsvater,
auf deinem wilden Ritt !

Dein Weg durch Täler und durch Schluchten,
wenn dir auch die Zeit fortrennt,
führt dich durch Wälder und an Buchten,
die Sonne wacht am Firmament !

Die Vögel sind die Wegbegleiter,
wenn dein Blick nach oben schweift,
dein Durst nach Leben drängt dich weiter,
bis Demut dann zur Schönheit reift !

Versprich dem Herrgott einfach alles
und danke für den Sonnenschein,
wenn auch der Regen nicht dein Fall ist,
hält er doch deine Seele rein !

Bis wir dann „Adios" sagen,
der Segen ist das letzte Wort,
drum hör´n wir auch am End´ kein klagen,
wir sind ganz einfach fort !!

Das letzte Spiel

Geh noch die letzten Stufen,
bis hinauf ins Himmelreich,
hör´ noch die Freunde rufen
die Erinnerung wirkt bleich !

An jene Tage, dort am Meere,
das ich so liebe, wie die Sonne,
wenn ich auch niemals wiederkehre,
war´s doch am End´ die höchste Wonne !

Die Palmen spenden Schatten,
in meiner reichen Welt,
was nur ganz wen´ge hatten,
war mehr wert mir, als aller Erden Geld !

Ein Bad im Ozean der Sinne,
seh´ mich noch dort baden,
wenn ich das letzte Spiel gewinne,
werd´ ich den Belzebub einladen !!

Der Preis der Freuden war recht hoch,
doch hat der Einsatz sich gelohnt,
in des Lebens ew´gem Sog,
ich hab´ im Paradies gewohnt !!!

Die letzte Runde

Die Sonne geht allein für uns heut´ auf,
es gibt noch eine Zukunft,
gib uns noch viele Tage drauf,
das sagt uns die Vernunft !

Nur das EINE Mal hier leben,
verheißt die nächste Stunde,
brauchst nichts mehr abzugeben,
wir dreh´n des Lebens weit´re Runde !

Man muss den Zauber nur genießen,
an diesem, lichten Platz,
wenn die Sorgen uns dann ließen,
lasst uns erkennen, diesen Schatz !

Das Meer verwöhnt mit Ruhe,
wenn wir den Wellen lauschen,
die seicht benetzten unsre Schuhe,
wenn wir nur unser Dasein tauschen !

Urlaub von der Pein,
erlauben uns zu jubeln,
mag´s auch nicht für immer sein,
wohl absolut kein Grund zu grübeln !

Der Tag geht langsam unter,
die Nacht wirft ihre Schleier aus,
das Leben macht uns dennoch munter,
am liebsten möcht ´man niemals raus !!!

Der Irrtum

Leben, nur dies e i n e Mal,
des Tages Wispern lauschen,
das Licht am Lebenshorizont wirkt fahl,
der Täler Wälder nicht mehr rauschen !

Die Räder bleiben einfach steh´n,
die Vögel hören auf zu singen,
die Stufen nur noch abwärts geh´n,
des Meeres Gischt mag nicht mehr klingen !

Doch nimm zusammen deine Sinne,
bevor das Schwarz dich ganz umhüllt,
auf dass es neu beginne,
bevor dein Geist dich nicht mehr fühlt !

Verschmäh´ die stummen Winde
und öffne weit das Seelentor,
fang an auf´s neu, wie einst als Kinde,
stimm´ noch mal an den Hoffnungschor !

Wenn du dann aufs Neue lauscht,
hörst du plötzlich alles wieder,
du hast dich wohl am End´ getäuscht,
singst glücklich wieder frohe Lieder !

Sommertage

Der Tag beginnt mit sanften Farbenklängen,
die Amseln singen schon vom Licht,
so früh hat Jeder Hoffnung noch in Mengen,
zu scheitern droht das Leben einfach nicht !

Eine Sonne voller Kräfte
erhebt sich sanft vom Horizont,
es steigen alle Lebenssäfte,
die Ouvertüre scheint gekonnt !

Dann ist er da, der Sommertag,
mit wunderschöner, heller Hitze,
wenn man des Lebens Ursprung mag,
dort, wo der Geist der Hoffnung sitze !

Die heiße Stunde macht dich träge,
doch, wenn der Mittag überstanden,
wenn man doch nur am Meere läge,
kann man auch gleich im Schoß des Glückes landen !

Ein Zirpen, Zwitschern, einfach alles,
was eine müde Seele braucht,
es ist als Dasein etwas Pralles,
wenn der Sonnenwind dein Herz umhaucht !

Die Nächte sind alsbald willkommen,
wenn die Natur sich abgekühlt,
der Traum vom Tag macht dich benommen,
die Erinnerung noch deinen Geist durchwühlt !

Der bunte Eintagsfalter

Der Abendstern geht eben unter,
es muss wohl trotzdem weitergeh´n,
sei dennoch froh und munter,
darfst das Paradies auf Erden seh´n !

Genieß´ die Frühlingsluft in deiner Welt,
sie kann dir so viel erzählen...
ein Regenbogen sich zum Glück gesellt,
an Orten, die man frei kann wählen !

Lass dich von der Liebe küssen,
das wird dein Leben leichter machen,
auch wenn du einst wirst gehen müssen,
bleibt tief in dir ein helles Lachen !

Verschlinge all die Bilder und die Zeichen,
wie ein Kind, auch noch im Alter,
möchtest der Seligkeit kaum weichen,
bist wie ein bunter Eintagsfalter !

Der Schmetterling

Bist wie ein Schmetterling im Sturm,
deine Flügel woll´n dich nicht mehr tragen,
springst bald vom Königsturm,
denn keiner will mehr nach dir fragen !

Es will kein Stein mehr auf dem andren halten,
in dem einst goldenen Palast,
kannst des Alltags Sorgen nicht verwalten,
bis du schließlich alles hasst !

Gibst den andren meist die Schuld,
an deinem üblen Ungemach,
und wirklich hat auch keiner die Geduld,
dein Weg vor dir ist öd und brach !

Willst das Gewitter überleben,
den fernen Horizont doch noch erreichen,
musst nur das Zepter übergeben,
und die Pest wird alsbald weichen !

Vertraue auf die Kraft der Elfen,
die klagend deinen Weg begleiten,
sie werden dir am Ende helfen
und dich auf Gottes Wege leiten !!!

Gottes Strom

Der echte Sinn ist nicht zu halten,
er fließt und fließt gen Wahrheit hin,
da meint der Mensch, er könnte schalten,
doch ist der Seele Frieden leicht dahin !

Der breite Strom der Zuversicht
lässt sich nicht lenken oder stauh´n,
zur Quelle kommt der Mensch halt nicht,
sein Blick wird nur die Mündung schau´n !

Der Fluss der Wahrheit fließt zum Meer,
die Weite grüßt von Ferne,
sonst bleibt der Menschen Seele leer,
ein echter Mensch lebt gerne !

Bist du erst am Meeressaum,
wirst du alles schnell begreifen,
der Dumme kennt die Weisheit kaum,
diese muss im Geist erst reifen !

Am Ende strahlt die Sonne tief
am Horizont der schönen Bilder,
wenn man noch Gottes Gunst anrief,
scheint dann der Abschied milder !

Das neue Jahr

Das Jahr kehrt ein, die Zeit geht aus,
sie wandelt auf der Tannen Spitze;
der Schnee treibt alle Kinder raus,
den Schlitten zieh´n, mit Leibeshitze.

Auch die Erwachs´nen fröh´n dem Spaß,
auf Skiern oder nur zu Fuß,
die Hände kalt, der Schuh wird nass,
hört man allhier den Wintergruß !

Schöne, weiße Welt da draußen,
innen herrscht ein ruhiger Ton,
kehrt den frohen Sinn nach außen,
daheim zu sein, das wäre Hohn !

Doch tauen bald alle Kristalle,
es war doch nur ein kurzer Spuk,
auf ein Neues, wissen alle,
im nächsten Jahr, mit Recht und Fug !

Die Lebensinsel

Gott warf mich aus der Mutter Schoß,
auf meiner Insel Erde,
er gab mir einen sanften Stoß,
auf das ein guter Mensch ich werde !

Es war ein schönes Dasein dort,
mit Spiel und übermaßen Liebe;
ein himmlisch schöner, bunter Ort,
wenn das doch immer nur so bliebe !

Doch hohe Wellen, Ungewitter,
brechen sich am Inselrand,
der heile Spiegel barst in Splitter,
doch hielt ich stets dem Unheil stand !

Der nächste Tag war hell und klar,
die Sonne schien schon auf mein Land,
Mut und Ehr´ die Antwort war,
ließ nimmer los der Liebe Band !!

Am Ende lag die Insel einsam:
das Paradies der stillen Räume...,
verlass das Eiland dann gemeinsam,
mit aller Menschen Lebensträume !

Avalon

Ich hör´ am Strand die Insel rufen,
die mir die letzten Wege weist,
Avalon, hoch auf des Berges Stufen,
mir endlich Ewigkeit verheißt !

Die Sonne steht schon merklich tief,
bin ganz allein auf dieser Welt;
da ich des Gottes Gunst anrief,
weil auf die Felsen Schatten fällt !

Der Strand vor mir ist öd und traurig,
allein zu steh´n am Meeressaum;
die letzte Flut kam wild und schaurig,
sie gibt allein der Wahrheit Raum !

Verlasse bald das leere Eiland,
versenke mich in Gottes Schoß,
dort, wo mir oft die Liebe beistand,
bekomm ich dann den Gnadenstoß !

Im Licht geboren ohne Hast,
die letzten Schritte geh´ ich gern,
das Wesen bar jeglicher Last,
bin endlich dann dem Übel fern !

Wo bist du gerade ?

Ruhend auf dem Bett aus hehren Worten,
das Kissen mag das Denken sein...;
im Geiste Gottes. Allerorten,
ist H I E R wohl unsere Seele rein !

Wir stehen auf des Berges Spitze,
unter uns der Boden wankt,
dem Krater flieht des Lebens Hitze,
das unseren Mut mit Liebe dankt !

Wir sitzen in der Sonne Glut,
den Fuß im kühlen Nass,
das uns verbriefte, höchste Gut,
ist Gegenteil vom kalten Hass !

Wir fliegen in Gedanken fort,
in eine bunte Zauberwelt,
die Schwingen bringen uns vor Ort,
wo nur allein die Liebe zählt !

Sommer

War´s nicht erst Sommer, gestern ?
Spür noch den Kuss, der unvergesslich.
Sind Freiheit und die Liebe Schwestern ?
Die Glut der Gunst ist unermesslich !

Sommer du, bist fern und nah zugleich.
Ich schmecke noch das Salz am Meer ... !
Die Sonne macht die Stunde reich,
nur das Glas der Kraft scheint leer.

Zu träumen, was ein Mensch oft wagt,
das ist wohl seine eig´ne Wahrheit.
Doch bin ich´s nicht, der sich beklagt.
Die Freudentränen spiegeln Klarheit !

Die Leiden sind vergessen,
die Freuden siegen eben.....,
ich mag mich nicht mit and´ren messen.
Es war wohl doch ein schönes Leben !

Die Lebenswiese

Ein Hauch von Leben streift meine Atemzüge,
wie ein Duft nach Frühlingsmädchen, süß und ohne Schuld.
Rings um mich die Blumenfarben,
süchtig ausgesogen von den Bienen,
die sich, erst gesättigt, von der einen Blüte Blatt
zur Nächsten schwebend, lösen mögen.

Ein Zwitschern, Flattern, sanftes Rauschen
fließt zum Herzen meiner Seele;
welch lichte Strahlen einer noch so jungen Morgensonne
hier auf dieser Lebenswiese !

Gleich, was die nächste Stunde führt,
dem Summen, Schwingen, Duften draußen,
antwortet mein Jauchzen innen.
Ergehe mich im Wiesengrunde goldgefüllter Blütenherzen,
bebend leicht, nach jedem Luftzug meine Lunge streckend !

Wie Balsam, dieses Raunen im Odem der Natur,
gleichsam umschlingend meinen Körper –
der Geist lässt nur Gedanken zu, an´s   J E T Z T ....
Nur leben, leben dieses E I N E Mal,
diesem Moment verfallen, den ich zu halten suche,
doch flieht er meiner Hand in seine Freiheit der Erinnerung,
dem Nächsten gilt die Zeit !!

So folgt das Sein dem Herzschlag dieses Wechsels,
von Augenblick zu Augenblick,
dazwischen drängt sich ein,
allein das Universum ... !

Auf Erden singt der Chor der Liebe
den Auf- und Abgesang der Ewigkeit -
zum letzten Canon finden sich die Elemente noch einmal bereit,
die Harmonien des Lebensliedes anzustimmen !

Glücklich wer die Melodie vernahm,
gar selbst die eine oder andere Strophe
mitzusingen suchte;
der Taktstock Gottes senkt sich und endet das Konzert,
noch eh´du seines Reimes mächtig.

Das Lied verklingt, doch nur wer weiterlauscht,
mit Mut,
versteht die göttliche Musik der Gnade... !!

Das Allmeer

Wiege mich im stürmend Meer des Mensch-Seins,
als Tropfen nur, der Gischt entrissen;
emporgetragen auf der Schwinge eines Albatrosses,
in der Lüfte Höhen sich verfliegend,
zu Gas geformt vom schmelzend Licht der Sonne Kraft.

Wolkennebel gleich, der schwer und kühl herniedergeht
auf der Felder gold´ne Wogen, aus Mutter-Erdreich,
sich dem Flusse neu verbindend, der, dem Meere zugewandt.
Gesellschaft findet, in der brandend Dünung;
wieder Wasserstaub aus flutend Wellenkamm.

Der EINE Tropfen, mein, auf Federn eines Albatrosses,
der sich dem Nasse zu sehr nahte,
den Flug der unendlichen Wiederkehr beginnend,
Leichtigkeit :
hinauf, hinauf, in dunkle Höhen,
ein allerletzter Schwingenschlag löst die Wasserperle
meines Seins vom Gefieder irdischer Natur !

Tauche ein in flüsternd Schar des Tropfenheeres,
endgültig dem Gesetz des gleißend Feuerballs sich fügend
dem Allmeer Gottes !

Der Wanderer

Ich träumte eine Wirklichkeit
zwischen „weit" und „kaum" – zwischen Zeit und Raum.
Weit war der Blick ins Tal des Lebens,
kaum zu fassen, meine Freude beim Anblick
dieser Zeichen und Bilder !

Mein Schritt lenkte mich an diesen Bäumen vorbei,
die ich schon immer so zu lieben geglaubt hatte,
hoch und einzeln stehend,
fast stoisch auf mich blickend, den Wanderer.

Dem Bach entgegen, dem Fluss, dem Strom,
der meine Sinne begleitend,
den Weg, mit mir, in den morgendlichen Schein
meiner Sonnenwelt, fortsetzend !

Ein Licht, wie nur der Morgen es mir schenken kann,
dort ein Dach, ein Heim, ein Haus ?
gesattelt zum Ausritt wieder, in diese eine Ecke des Tals,
wo Wiesen der Freude, Weiher der Trauer,
Wege des Denkens, Straßen des Glaubens,
Schluchten des Wissens auf mich warten.

Der Bogen des Tales mündet in eine Ebene,
in der auch der Strom sanft einherzieht, mit mir,
dem Wanderer.

Neben lachenden Höhen, zwischen Schatten von Karst, weiß-grau schimmernd, die Lichter auf
den Hügeln, fast schattenlos stehen sie auf Zwölf...

Um Drei bin ich schon dem See der Liebe sehr nahe, den ich durchwate, durchschwimme, die
süßen Wasser der Unschuld, der Schönheit, der Treue auf den lächelnden selig erhellten Lippen,
von der Flut des Sturms der Leidenschaft ans nächste Ufer getragen !

Ruhend, erschöpft, aber den Blick auf dieses ferne Abendlicht gewandt, das den Hintergrund
schon fast voll ausmalt.
Verlasse die Gestade des „Liebe" - Genannten
und trage noch die von diesem Goldnass rührenden Tropfen auf Gesicht und Haar,
bis unsere Sonne sie mir zu trocknen abnimmt.

Diesem Schweif des Lichtes nacheilend, wohlwissend von seiner Bedeutung !
Vor mir das Alles zu endende Meer der Seinswechsel.
Diese Strahlen, tief, fast rot-orange, ziehen mich in den
Bann des sich treffenden Kreises.
Endlich erreicht, die Atome abstreifend, die Seelenmodule greifend,
Abschied von diesem Eilend nehmend,
auf freudengetränkten Schwingen des Wissens schwebend,
der Existenz des ewiglichen Geistes entgegen... !

Das Leben und die Welt

Nimm dies als mein Vermächtnis,
magst verinnerlichen die Geschichte,
bleibt sie Dir dann im Gedächtnis,
führt´s Dich hinaus ins helle Lichte !

Für meinen Neffen betr. „Siddhartha" von Hermann Hesse

Des Herzens Schein

Der Plan war gut, das Maß bedacht,
erfüllt sind Soll und Haben,
der Kontoausgleich scheint gedacht,
um zu vergessen all die Narben.

Ein Weg, mal steinig, oft auf weichem Sand,
liegt vor jedem Sein,
ob man das Ob und Wie erkannt,
bestimmt allein des Herzens Schein.

Ein Jeder ist des Glückes mächtig,
wenn er mit Güte lebte,
ein kaltes Herz macht sich verdächtig,
zum Beispiel, nach viel Reichtum strebte.

Der arme, alte, milde Thor,
ist weiser als ein rüdes Schandmaul,
er hat die Worte Gottes schon im Ohr,
auf dass der Belzebub vergraul´!

Der Menschheit Sonne

Sie nimmt zu, die schiere Dummheit,
bei allem, was ich hör´ und sehe,
Irrtum und Irrsinn werden bald zur Einheit,
auf allen Wegen, die ich gehe.

Man fühlt sich so verlassen,
auf dieser welken, toten Welt,
weil die Menschen so die Wahrheit hassen,
an allem Schuld ist wohl das Geld.

S i e, feilschend, pokernd, spielend,
die Törichten des Erdenballs,
immer auf Gewinne schielend,
sie belügen sich nur allenfalls.

Das Dasein ist so unvollkommen,
wenn keiner nach der Wahrheit schreit,
ihr Leben sei ihn´n unbenommen,
I C H bin zur Gegenwehr bereit.

Sie lassen alles „Krumme" gerade sein,
und geben so dem Teufel Macht,
Gott, lass Vernunft in ihre Herzen ein,
damit der Menschheit Sonne wieder lacht.

Das „Faustrecht-Menetekel"

Welch Rückfall in die Barbarei,
welch Fanal der Ignoranz,
das ist den Herrschern einerlei,
in ihrer rüden Arroganz.

Gab´s denn nicht die Aufklärung auf Erden,
hab´ ich alles nur geträumt ?
Was soll aus dieser Welt nur werden,
wenn man sich nicht dagegen bäumt.

Wo sind die Voltaires und die Rousseaus,
die uns die Hoffnung schenkten,
wo sind die heeren Ideale bloß,
wenn dumme Mächte uns´re Freiheit henkten.

Man darf dennoch nicht alles glauben,
vielleicht erwacht der Riese „Menschheit" wieder,
mag´s uns auch mal die Ruhe rauben,
obsiegen werden nur der Menschen gute Glieder.

Ein tristes Eingeständnis bleibt,
von Ohnmacht und von Ekel,
das die Kräfte aller Welt aufreibt,
der Rest: ein „Faustrecht-Menetekel" !

Die Kritiker

Es gibt da noch die Kritiker der Intellektuellen,
sie meinen das, was „Meinung" macht,
doch sind sie nur im Kopf die Hellen,
ihr Lebenssinn ist seicht und sacht.

Die Anderen mit ihrem Geist belehren,
steht ihnen breit auf ihrer Stirn,
sie zu dem „rechten Mensch" bekehren,
doch alles nur in ihrem eig´nen Hirn.

Jeder hat das Leben auf seiner eig´nen Seite,
jeder darf die Fehler machen,
ist es auch mal die große Pleite,
am Ende wird das Ego lachen.

Es sollte nur das Wesentliche zählen,
dazu hab´ ich nur meine Wahrheit,
die Denker sollten keine Fremden quälen,
ein jeder schafft sich s e i n e Klarheit.

Rundheraus, sie sind gar überflüssig,
die Schreiber dieser trüben Zoten,
ich bin sie einfach überdrüssig,
und sing´ mein Lied nach and´ren Noten.

Der Erz-Irrtum

Die armen Reichen dieser Welt
sie dauern mich in ihrer Einfalt
sie streben nach dem schnöden Geld
und ihre Gier kennt keinen Halt

Sie kehren Alles auf den Kopf
die schönen, kleinen Dinge
die sind für sie ein „alter Zopf"
wenn alles doch noch mal anfinge

Genau der Typ von „über Leichen geh´n"
begegnet mir von Mal zu Mal,
Gott lass sie ihre Torheit seh´n
und nicht verkümmern, dort im tristen Tal

Man kann die Welt in Wahrheit seh´n
dann hätten Diese keinen Platz
wenn sie vom rechten Pfad abgehen
so ist ihr Leben für die Katz

Möcht nicht als Richter hier erscheinen
doch fällt es auf - das Ungewicht
soll doch Gerechtigkeit nur meinen
sie trüben einfach hier das helle Licht

Des Dichters Freude

ich schreib´ HURRA ich schreibe wieder
dacht schon es bliebe Stille
da sind sie wieder GEISTES LIEDER
zu schreiben ist mein einz´ger Wille

Die Sprache

Der Mensch verrät sein inn´res Wesen
in seiner Sprache, die er führt,
man kann darin sein Leben lesen,
ich urteil da ganz ungeniert !

Spricht er unnatürlich und bedacht,
versteckt er sich gern hinter Wörterstelzen,
doch, wenn er offen ist und lacht,
dazu braucht er kaum Bücher wälzen !

Am besten paart sich Bildung mit dem Herzen,
dieser Mensch ist dann authentisch, echt,
er sollt´ auch gerne einmal scherzen,
ein froher Geist sich niemals rächt !

Doch redet nur nach eurer Art,
im Grund´ wird das ein jeder selber merken,
da kommt schon mal ein Sprachästhet in Fahrt,
am Ende muss ein „Mundwerk" für sich selber „werken" !

Der goldene Strand

Die Dummheit siegt im Zweifelsfall,
wenn ich mich auch dagegen wehr´,
die Dumpfheit ist wohl überall,
wenn ich ihr auch den Rücken kehr´.

Es gibt da kein Entkommen,
wenn ich den Fernseher anmache,
die Irren dort, sie sind benommen,
da hilft nur Eines, wenn ich lache !

Ein kurzer Blick in die Natur
hilft mir oft minuten-schnell,
es ist wie eine milde Kur,
der Sonnenschein am Meer ist hell !

Die einz´ge gute Gottesgabe
ist doch im Kopfe, mein Verstand,
nehm´ den Humor und meine Habe
und setz mich an den goldnen Strand !

Verlasse trübe Häuserschluchten,
schenk mich dem Gotte Amor hin,
die Flucht vor diesen dummen Süchten
zeigt mir am Ende, wer ich bin !!!

Die Kraft der Väter

Die Kraft der Väter lebt in mir,
die Macht der Sippe währet weiter...,
bin doch der Letzte hier allhier,
von einer langen Ahnenleiter !

Die dereinst Kaufleute und Künstler waren,
die Mütter fügten die Familienbande,
sie kamen aus gen Nord, dem Klaren,
ein Jeder war von hohem Stande.

Bin stolz auf alle Werke meiner Väter,
sie wirkten schon zu Goethes Zeiten,
ihr Geist herrscht weiter hoch im Äther,
muss ihnen hier ein Lob bereiten !

Ihr würd´ger, allerletzter Wille
schwebt noch in diesen Räumen,
bald find auch ich die letzte Stille,
was bleibt, ein Wald von Stammesbäumen !

Überfluss

Die Leichtigkeit ist fort
das Lachen und das Scherzen
bin ich noch am rechten Ort
die königlichen Glieder schmerzen

Die Schwere ist zurückgekehrt
was klang der Ton doch vormals leise
die Ordnung schien eh´r umgekehrt
war Harmonie auf kurzer Reise

Laut schrillt der Schrei des Überfluss´
wer sich einst sucht
fand sich nicht wieder
ein Jeder stöhnt vor Überdruss
... halt ein und kniehe nieder

Der Einzelne hat keine Schuld
er ist im Rausch „von Sinnen"
mischt sich nur ein mit Ungeduld
und möcht´ die ganze Welt gewinnen

Ein schroffer Schnitt hilft hier allein
die Liebe sollte siegen
Buße macht die Sinne rein
dann lernt die Seele fliegen

Yesterday

Die Zeit der Jugend ist vorbei
die Welt war frisch und neu
die Art der Sitten einerlei
„Ich war dabei" – Was ich mich freu !

Der Klang der neuen Melodien
riss uns schier vom Hocker
die alten, neuen Symphonien
spielten jetzt die „Rocker „

Die einz´ge Frage war oft
„Magst Du Jagger oder Lennon ?"
Was Blumenkinder oft gehofft
kann man getrost heut FREISEIN nennen

Eine neue Zeit steht vor der Tür
ein ungewisses Bangen....
doch ist der gute Mensch dafür
die Angst im Kopfe einzufangen

Mag kommen, was da kommen mag
mein Herz hat nie gezaudert
Wenn ich einst lieg im kühlen Sarg
war mein Leben doch VERZAUBERT

Der neue Turm zu Babel

Wie sich doch alles wiederholen mag
der Turm des Geldes brach heut ein
Dem armen Menschen bleibt der Sarg
die Täter waschen sich die Hände rein

Ein Fanal der üblen Art
DAS kann doch nicht die Antwort sein..
Die Terroristen halten blutig Staat
in seiner Wut fühlt man sich klein

Der Teufel schafft sein böses Unheil
die wahren Sünder sind verborgen
wem schenkt denn das den Vorteil ?

Das alles macht mir große Sorgen !!!

Des Dichters Zukunft

Wenn dich des nächsten Spruches Bürde
in eine tiefe Schwärze ziehen würde
am Schlunde deiner Unvernunft...?
bliebst du dann treu des Dichters Zunft...?

Wirst auf halbem Grat ins Nichts dich beugen
mag auch dein Zögern dann von deiner Schwäche zeugen
doch folgte diesem Zaudern freier Fall
erreicht dich Gottes Wort mit Donnerhall

„Schreibend sollst du deine Künste zeigen";
und es beginnt erneut der Wörter Reigen

Der Mut zur Zukunft

Taumelnd stehen wir am Schlunde unserer Zukunft
Bald sich zum Sprunge neigend
bald innehaltend
auf halbem Grad ins Nichts sich beugend

Egal
dem Zaudern folgt mit Mut
der Freie Fall in Gottes gnädige Hände....

Das Leben und das Sein

WER ?

Wer küsst den Horizont mit seiner Sonne
Wer wölbt den Himmel über allen
Wer schenkt uns unendliche Wonne
Wer formt Natur in ihren Hallen

Wer gibt dem Helden seine Kraft
Wer hilft den leeren Seelen
Wer nimmt den Teufel gern in Haft
Wer darf bei keiner Wohltat fehlen

Wer lässt die Sterne uns erscheinen
Wer fegt des Alltags Ketten fort
Wer zeigt´s alleine nur den Seinen
Wer wirft die Sorgen über Bord

Wer rollt die Gischt ans offene Gestade
Wer lässt uns morgens Lieder pfeifen
Wer öffnet uns die gold´nen Pfade
Wer lässt die süßen Trauben reifen

Wer führt des Menschen Werk zu Ende
Wer lässt die Tränen oft vergeh´n
Wer reicht uns endlich seine Hände
Wer heißt uns wieder aufersteh´n

Wer stiehlt dem Armen seine Pein
Wer schenkt das ew´ge Licht
Wer sollte das am End´ wohl sein
aus Erfurcht nur, den Namen nenn´ ich nicht !

Gottes Stimme

Wie soll man den Schwur nur halten,
zu überleben hier im Licht ?
Wer mag das Ob und Wie schon walten,
wenn einem schier das Herze bricht ?

Sich zu verstecken wäre nicht die Wahl,
tapfer sich dem Übel stellen,
ist's auch am Ende eine Qual,
Gott mag das Wehklag schnell vergellen !

Ein Leben ist das nicht,
nur noch ein Tasten hier im Sein,
wo ist das wohlbekannte Licht,
Erinnerung daran wirkt klein !

Doch muss ein Löwe Zähne zeigen,
sich nicht den bösen Geistern schnell ergeben,
er ist noch nicht vorbei der Reigen,
es schreitet weiter unser Leben !

Nun tönt nur Gottes Stimme, laut,
wir sollen uns alle freuen,
der Schatz ist prachtvoll und verstaut,
wir brauchen nichts bereuen !

Der letzte Film

Gebt der Zeit noch einen Raum
und dem Raum noch etwas Zeit,
wie leicht ist er vorbei der Traum,
er folgt das Maß der Ewigkeit !

Schön ist's hier im ird'nen Paradies,
sah'n oft die Sonne auf- und untergeh'n,
selbst, wenn man einst die Welt verließ,
wird man alles noch mal wiederseh'n !

Jenen Film aus Allem halt,
dem wir hier begegnen sollten,
's war oft von prächtiger Gestalt,
und genau das, was wir sehen wollten !

Ein Atemzug in stillem Einklang,
mit uns selbst und unserem Herrn,
der uns verwöhnte viel zu lang,
seid dankbar, denn wir leben gern !!!

Gesunde Dummheit

Ein Mensch ist zur gesunden Dummheit auserkoren,
Weisheit bringt dir Leid und Tod,
die Logik Gottes scheint recht ausgegoren,
sie hält des Menschen Sein im Lot !

Wir streben zwar nach Wahrheit pur,
doch, wenn man sich schon auf dem Wege wähnt,
so ist es ein Geringes nur,
bis das Ende tief am Abgrund gähnt !

Drum rat ich, nicht zu viel zu wissen,
das Naive schafft die Waage,
musst dann nicht die Welt verlassen müssen,
das bringt erst die stabile Lage !

Gleich, was dir Gott als Schicksal schenkte,
geleite deine guten Geister heim,
wenn der Herr doch nicht dein Leben lenkte,
wär´s einsam, arm und klein, von vornherein !!!

Der Weg nach Hause

Ich hab einen Freund: die Wahrheit,
sie gibt mir Mut, sie gibt mir Sinn,
sie strahlt in gleißend heller Klarheit
und sagt am Ende wer ich bin !

Die meisten Menschen spühr´n sie nicht,
doch ist´s gar nicht so schwer,
sie zu erkennen als das Licht,
das Trost ins Leben bringt und mehr !

Sie liegt vor deiner Türe,
du mußt diese nur offen halten,
da hilft kein Fleh´n, auch keine Schwüre,
wenn du sie liebst, wird sie dein Sein verwalten !

Sie kommt immer nur zu Jenen,
die sie überhaupt nicht suchen,
den´n gibt sie Freud, erfüllt ihr Sehnen,
wenn sie nicht kommt, hilft auch kein Fluchen !

Harre demütig auf ihre Kraft,
du wirst mit ihr durch Mauern seh´n,
wenn es dein Herz zu warten schafft,
kannst du den Weg nach Hause geh´n !!

Das Füllhorn

Der liebe Gott, er gab mir Weisheit, pur,
und schenkte mir dazu noch so viel Gaben,
doch weiß allein der Weise nur:
die Brücke quert des Schlosses Graben !

Mein Leben ist ein Königreich,
voller gold´ner Ideale,
der Weg ist auch mal hart, doch meistens weich,
ich dank´ dem Herren viele Male !

Ich durfte allem hier begegnen,
schönen Frauen, Weisheit, Liebe,
es soll´t auf mich nur Taler regnen,
wenn Gottes Füllhorn offen bliebe !

Trotz tausender Geschenke,
bleibt doch das Wissen um die Gnade,
Gott sagte einst: „ Du lebst, ich lenke,
alle deine Lebenspfade" !

Am Schluss bleibt pure Dankbarkeit zurück,
ich kann es einfach gar nicht fassen,
mein ach so holdes, großes Glück,
von dem ich einfach nicht kann lassen !

Das Tor des Glückes

In welcher Einsamkeit die Seele schwebt,
man ist im Grund´ nur für sich selber da,
wo die ganze Welt nur in dir selber lebt,
ob das der Grund der Schöpfung war ?

Gemeinsamkeit ist kaum gefragt,
doch scheint sie mir als einz´ge Sonne,
das gilt für jeden, auf betagt,
das Glück mit and´ren schenkt erst Wonne !

Wir könn´n uns den Gesetzen nicht entziehen,
sie geben erst sozialen Rang,
das Recht auf Einsamkeit ist nur gelieh´n,
nach Kollektivem strebt der Drang !

Ein Mensch ist hilflos, arm,
erst die Freunde machen reich,
die Liebe macht die Herzen warm,
und deine Seele lieb und weich !

Wenn du dich in and´ren spiegelst,
bist du erst als Mensch zu seh´n,
wenn du auch noch die Scheu abwiegelst,
kannst du durch´s Tor des Glückes geh´n !!

Mut zum Leben

Wenn auch Knoten der Verstrickung drohen,
wird doch das „Herz" obsiegen,
trotz der Verwünschungen, den rohen,
das Glück kann nur in Wahrheit liegen !

Die Reise deiner nackten Seele,
durch Gefilde dieser rauhen Welt,
es schnürt dir ein, die trock´ne Kehle,
wenn sich dir der Teufel gegenüberstellt !

Bleib´ bei der Liebe deiner Treue,
in inn´rer Ausgewogenheit,
dann kannst du leben, ohne Reue,
wider die Verlogenheit !

Der Wunsch nach einem Ende ohne Qual
ist´s, was ich dir auf den Weg mitgebe,
das Dasein lässt dir nicht einmal die Wahl,
es heißt allein, sei mutig nur und LEBE !

Der junge Weise

Wenn man schon in jungen Jahren,
Wahrheit kennt und weise ist,
kannst du dir viel Pein ersparen,
auch wenn du nicht vollkommen bist !

Es liegt nun mal doch nicht am Alter,
vergang´nes Schicksal ist entscheidend,
wie ein am Licht verglühter Falter,
wirkt die Erinnerung oft bleibend !

Gehe deine langen Pfade,
und lies am Rande alle Zeichen,
erfährst alsbald die große Gnade,
und die üble Pest wird weichen !

Es liegt nur allein an deinem Mute,
die hohen Berge zu bezwingen,
wähl´ immer nur die eig´ne Route,
das wird dir Selbstbewusstsein bringen !

Sei stets mit Gott in trautem Einverständnis,
verpfänd´ die Seele nicht ans Gold,
folg´ eh´r dem Drang nach Selbsterkenntnis,
und bleibe DEINER Meinung hold !!

Gottes schönste Tat

Meldet euch doch noch einmal
ihr leisen Stimmen unsrer Lieben
wo ist der helle Sonnenstrahl
wo ist des Lebens Herzschlag stehn geblieben ?

Denkt noch mal an jene schönen Stunden
die wir lebten einst gemeinsam
wie oft muss die Erde noch die Sonne runden
bevor du merkst – du bist nicht einsam !

Wie oft wir doch den Nächsten brauchen
uns zu verstehen und zu stützen
doch wie kühne Träume oft verrauchen
weil sie einfach niemand nützen !

Da war Gemeinsamkeit gefragt
an allen Tagen – hell und dunkel
hat der Familienrat getagt
verstummte bald das ängstliche Gemunkel

Seid dankbar für den guten Rat
den Freunden das Vertrau´n zu schenken,
das ist wohl Gottes schönste Tat,
man darf das Glück g e m e i n s a m lenken !!

Dichter und Denker

Gedichte sind oft wie Geschichten,
mit Anfang, Mitte und mit Schluss,
so kann man leicht und gut berichten,
was man den Menschen sagen muss !

Oftmals soll der Geist so sprechen,
and´res Denken gibt es kaum,
so kann den bösen Bann man brechen,
ein dritter Weg hat keinen Raum !

Drum schöpft man manchen klugen Spruch,
verzehrt sich fast vor Übermut,
zu schweigen wär´ ein Regelbruch,
der Denker fänd´ das gar nicht gut !

Reime könn´ die Seele retten,
wenn sie mit Bedacht gesetzt,
fort sind oft des Alltags Ketten,
der Kluge regt sich bis zuletzt !

Vom großen Glück gibt´s viele Sorten,
doch ist das Leben arg verfahr´n,
öffnet er Herzen mit den Worten,
dann ist sein Tagwerk auch getan !

Bleibt auch nur ein wenig Wahrheit,
im Kopfe anderer zurück,
schafften Worte vielleicht Klarheit,
nennt ein Denker das sein Glück !

Sonnenschein

Wir schweigen uns die Seele heiß,
doch niemand hört den stummen Ruf;
gibt man am End´ sein Bestes preis,
noch keiner sich die Krone schuf !

Wir werden einfach nicht gehört,
steh´n stets am Ende einer Schlange,
mancher drängt vor, ganz ungeniert,
doch warten müssen alle, lange !

Kaum Jemand, der die Sonne richtig sah,
sie nie vergaß im hellen Schein....,
Schönes ist nur in der Seele wahr,
muss wohl der Menschen Dummheit sein !

Ich spürte stets die „Zauber-Tage",
war dennoch oft allein,
das ist´s, was ich im Herzen trage,
den schönsten Liebes-Sonnenschein !!

Der Schein vom Sein

Wenn nur allein die Zeit uns Zeit gibt,
um zu atmen und zu leben,
doch allem, was man hasst und liebt,
muss man am End´ den Laufpass geben !

Die ew´ge Lieb´ gibt´s nur im Kopfe,
die Torheit führt das Regiment,
die Tugenden sind alte Zöpfe,
wenn innen auch die Seele brennt !

Man hat nur einen Gottessegen
und füllt den Geist mit schönen Bildern,
man trifft das Glück auf allen Wegen
und kann das Ungemach leicht mildern !

Die Tage der Verzückung
sind lang und hören niemals auf...,
man fühlt den Odem der Entrückung
und lässt dem Leben seinen Lauf !

Die Ungeduld´gen bleiben draußen,
sie spüren keinen Sonnenschein
und steh´n vorm Tore, aber außen,
für sie sind alle Wonnen klein !

Die dritte Chance

Du darfst noch mal die Wahrheit sprechen,
einst am Ende deiner Tage,
dann wird sich hoffentlich nicht rächen,
wenn du glaubst, was ich dir sage.... !

Ein fließend Bach von weisen Worten
rinnt aus deinem Munde,
die Zeit steht still an allen Orten,
gehört wird noch mal deine Kunde !

Ein einzig´ Wort ist oft die Wende,
hilft dir auf deinem neuen Wege,
Gott allein bringt dich zu Ende,
in seine Hand dein Herz dann lege !

Ein Lächeln ist die Antwort nur,
doch ist es schön wie Gold...
ein Glücksgefühl dir in die Knochen fuhr,
ist dir doch noch jemand hold?

Ein Auf- und Abgesang von hohem Grade,
ein Treffen voller Widersinn,
in jedem Fall die große Gnade:
I C H hab´ gespürt, dass ich noch B I N !!!

Kleine Kreise

Wie ist das Tier doch weise,
es muss nur im Leben d a s e i n !
Der Mensch beschreibt zu große Kreise,
für ihn muss immer alles w a h r sein !

Das Denken ist das Gift der Welt,
ein hoher Preis für die Natur;
wenn Schatten auf die Wälder fällt,
ist es der Wille Gottes nur !

Der Vogel fliegt auch kleine Kreise,
ein Schmetterling lebt für das Licht allein;
ein Fisch schwimmt nur auf eine Weise,
der Mensch will immer a l l e s sein !

Wir geh´n den Weg doch längst nach drüben
und sparen nicht mit leeren Worten,
wir sollten schweigen, Demut üben,
dann wäre Weisheit allerorten !!

Der Stein der Weisen

Ich fand den Stein am Saum des Meeres
und nahm ihn auf in meine Seele,
es sang der Chor des Engelsheeres,
ein Jauchzen floh der durst'gen Kehle !

Das Kleinod half mir immer wieder,
ward stets mein wohlgeschützter Schatz,
der Sonne Schein fiel auf die Erde nieder,
ein jeder Mensch hat seinen Platz !

Das Erz ward nicht aus Gold,
ein schlichter, weißer Kiesel nur;
wenn ich das Glück beschreiben sollt',
bleib' nur auf Gottes Gnadenspur !!

Ich möchte' den heil'gen Stein verschenken,
an alles, was auf Liebe trohnt,
muss an den armen Zweifler denken,
auf dass ihm Demut innewohnt !!!

Die Versuchung

Wenn ich oft denk´, ich sei am Ende,
fällt mir sofort die Weisheit ein,
alsbald kommt eilig dann die Wende,
es folgt Gelassenheit im Sein !

„Versuchungen sind Wegweiser"
du musst ihnen widerstehen,
dann wird der Ruf des Bösen leiser
und du kannst wieder aufrecht geh´n !

Du kehrst zurück auf Gottes Wegen,
sein Zorn verfliegt im Nu;
du spürst sofort den Himmelsegen
und findest endlich deine Ruh´ !!!

Die innere Stimme

Das inn´re Flüstern fehlt in dir
die Fähigkeit mit d i r zu sprechen
Dein ICH fragt nur: Was ist mit mir ?
Es wird den Bann dann dennoch brechen

Musst nur die Stimmen zulassen
nicht mit Dummheit überhören
der Thor bekommt dich nicht zu fassen
dann wird dich auch kein Teufel stören

Das Gute kommt nicht nur von außen
die inn´ren Lieder sollst du singen
die schrillen Töne bleiben draußen
musst nicht das Unmögliche zwingen

Tausend

Tausend Kriege habe ich geführt
Tausend Frieden dann geschlossen
Tausend süße Lippen sanft berührt
Tausend Tränen heiß vergossen

Tausendmal hab ich die Welt geküsst
Tausendmal sah ich der Uhren Zeiger runden
Tausendmal hab ich den Sinn vermisst
Tausendmal die Antwort stets gefunden

Tausend liebe Augen hab ich angesehen
Tausend Wälder hört ich rauschen
Tausend fremde Wege musst ich gehen
Tausend Stimmen durft ich lauschen

Tausend Spiele habe ich verloren
Tausend andere gewonnen
Tausend Gaben gar zur Kunst erkoren
Tausend Träume sind verronnen

Tausend Leben durft ich leben
Tausend Tode starb ich still
Tausend Rosen nur zum Lichte streben
Tausend Schwüre – die ich schwören will

Doch nur...

EIN Wort ist einzige Wahrheit,
EIN schönes Bild möchte ich euch zeigen
EIN Lied - von hellster, reinster Klarheit
MEIN GOTT ist eben nur mein Eigen!

Angekommen

Hab nie gesucht, doch stets gefunden,
die Weisheit dieser Welt,
in meinen stillen, schönsten Stunden,
wenn auch die Gram mir viel vergrellt !

Ich stand vorm Tor aus reinstem Golde,
ward schnell geöffnet, sanft und leise,
doch war´s die Liebe nur, die Holde,
die mich verzückt auf diese Weise.

Trotz Tiefen der Verzweiflung, gar,
schien mir die Sonne auch bei Nacht,
die selbst der Quell der Fügung war,
s i e hat mich zu Verstand gebracht !

Heimat meiner Liebe

Im Angesicht der neuen Trauer,
wie braucht ich eben deinen Rat,
steh wie vor einer kalten Mauer,
dem Abgrund meiner nächsten Tat.

Wie braucht ich deine starken Bäume,
die mich sofort verstünden,
die wohlvertrauten Traumesräume,
die mir von neuer Hoffnung künden.

Ging stets einher mit Gottes Gnade,
die Wege meines Lebens,
verlasse nun die Liebespfade,
am Ende meines Strebens.

Doch wird sich fügen, Fug um Fug,
der Erdenkreise Wille,
brauch nur zu warten, einsam...klug,
auf meine letzte Stille.....!

Der Gral der Weisheit

Der Gral der Weisheit sanft erglüht,
dort, wo des Geistes Freiheit blüht !

Dem Meer entstieg der Menschen Wille,
getragen von der Zeit.....,
fährt weit hinab in Eisesstille,
des Grabes Hoffnung welkes Kleid !

Gottes Geister zaubern Formen,
die überall gedeihen,
dem Herz entging der Menschen Normen,
der Körper Fesseln zu befreien !

Entronnen nur dem Tag der Tage,
der dir die zarten Blüten schenkt,
dem Wachsein folgt allein die Frage,
wer wohl die kühlen Sonnen lenkt ?

Dem W e g erliegt das schwache Sein,
erstickt von seinem Beben,
dem Wandrer bleibt die Mär vom Schein,
der Rest folgt n a c h dem Leben ......!

Der Durst nach Leben

Wenn dich einst dürstet nach des Lebens Saft,
im Antlitz deiner Sorgen,
denk nicht ans Gestern, schöpfe Kraft,
und schwör auch nicht auf Morgen !

Gefäße der Vergangenheit
sind angefüllt, vom Staub getrübt
und stets verschlossen, nicht befreit,
auch wenn man ihre „Öffnung" übt !

Die Zukünftigen scheinen offen,
noch bar jeglichen Lebens...,
doch musst du ihrer „Füllung" hoffen,
zuvor ist Gunst vergebens !

Allein das Glas der Gegenwart
harrt angefüllt auf deinen Willen,
den Durst nach Glück und neuem Start,
aufs Neue dir zu stillen !

Der Schoß des Glücks

Mein Dasein galt seit eh dem Tag
und jeh der Nacht
Das Denken gab der Oberfläche einen matten Schimmer
wie nach Gold
doch Jenes war Gestein nur
dem Mensch erst Wert
und Maßstab gab

Der Tiefe meines Denkens geb ich nur meinen Namen preis...
Ihr gebührt des Leibes Achtung und der Seele Widerstand
sich zu erheben aus des Tagwerks Fron
dem Irrtum jenes Grabes der Gedanken nicht mehr folgend
das eigentlich der Schoß des Glücks sein sollte

Gnadenvoll umhüllt mich mit dem Mantel des Erkennens aller Dinge
der Hüter der Gesetze
Dank dem der Solches wirkte
und mir die Stille nun
zum Sinn ernannte

Lebens-Tage

Kommt, Ihr Tage kommt !
Verlasst ihr mich auch wieder.

Jedem von euch werde ich begegnen;
ein Lächeln schenke ich den hellen von euch,
Schweigen denen, die den Sturm mir bringen.
Entgegen nur dem Tag der Tage,
der weder fern noch nah......

Kommt, Ihr Tage, kommt !
Ich weiche keiner eurer Fragen,
will euch das ob und wie schon sagen !
Offenes Visier, zählt ihr auch Tausende,
ich fliehe weder eurer Gier noch Gunst !

Ob des hellen Tages Lichte, noch Finsternis des Nachts,
schwör euch Freund zu sein,
verlässt auch Trauer meine Augen, in salzig brennend Rinnsal.

Kommt, Ihr Tage, kommt !
Begegnet meinem lauten Lachen,
wenn ich dem Gotte huldige !
Oft ist am Abend Schmunzeln meine Waffe,
Kampf dem Erstarren und dem letzten Gruße;
nächtens folgt dann schweigsam Stille,
abgelöst von morgendlicher Hoffnung,
die Kraft mir gibt,
dem schwachen Herzen seinen nächsten Schlag zu gönnen !

Kommt, Ihr Tage, kommt !
Und seid der Schritt ins All,
dem letztlich gern ich mich ergebe.....!

Mein inneres Exil

Ging einst ins innere Exil
stand an der Wand aus ehern Stein
gemeißelt aus des Menschen eigenen Gesetzen
Vor mir nur die Weite des mir von Gott geschenkten Selbstes

Begann die ersten Schritte
fort von den Mauern, Grenzen,
hin durch Bögen voll des Regens
diese aus der Sonne Schein und dem rieselnd Nass geboren

Vorbei an Weisheit - Stränden
durch Wüstenland
an allem halt, was hier von erdener Gestalt

Endlich einem kleinen Rinnsal blauen, kühlen Wassers folgend
dem einzig bunten, frucht- und lebensstrotz` den Hain
sich nähernd: der Oase des sich verinnerlichten ICHs
dem einzig hier exilen, gottesnahen Orte

Aufgehen in der kleinen, hellen Blüte jener Rosensträucher,
an denen schon ich blinden Schritts vorübergehen wollte
Hier auf der Blüte Blatt
ist eitel ruhen STILLE

Ein Hauch von Zeit weht die Gedanken fort
an Mauern, Steine, Wüsten
nur nahe sein
schwingt leise mir an Ohr und Geist
dem hellsten aller Gottesplätze:

der Oase meinerselbst

Die Spur im Sand

Trank aus dem Kelch der Liebe
nie mehr werd ich zweifeln am Sinn meines Lebens
Sah ich doch in jene Augen
die warm mir Liebesglück versprachen
nie wird mein Herz den Augenblick vergessen
in dem ich schaute der Liebe Antlitz
Aug in Aug stand ich ihr gegenüber

In der Stunde meines Lebens
strich zärtlich mir der Hauch
des Schicksals über meine Sehnsucht
Ich fand die Spur im Sand der Ewigkeit
folgte ihr im Stadium meines Seins
bis weit hinaus ins Helle meiner Seele

Das Leben und der Tod

Die tiefe Wunde

Der letzte Tag ist nah
ein Raunen schwirrt durch deinen Geist
das verbliebne Glück scheint rar
die Einsicht drüber schmerzend meist

Ein Klang von Melodien und Liedern
küsst dein Ohr ganz leis
nur die Liebe kann erwidern
was du aus Dankbarkeit erweist

Die Statuen der irdnen Plätze
sie bersten und fall´n nieder
die dir verbliebnen goldnen Schätze
die gibst du nimmer wieder

Die Glocke tönt vom höchsten Turm
und zeigt die letzte Stunde
im Grunde warst du nur ein Wurm
der blutend aus der tiefen Wunde

Trotzdem ward Freud und Liebe satt
du kannst es kaum ermessen
was Gott dir hier gegeben hat
das wirst du nie vergessen

Die Lebens-Melodie

Das Leben ist die Melodie
es klingt und schwingt von nah und fern
Liebe ist die Rhapsodie
ich lauschte ihr schon oft und gern

Auch Dissonanzen warn darunter
Trauermarsch und Abgesang
doch danach war vieles bunter
ein wunderschöner heller Klang

Die Gesänge wollen nicht verklingen
es singt der Chor des Engelsheeres
wie ein Tosen und ein Schwingen
so klingt nur eins
die Gischt des Meeres

Der letzte Paukenschlag bringt das Finale
die Symphonie war lang und schön
Gottes Musik war das Geniale
sie wird uns nicht aus dem Gedächtnis gehn

Himmel auf Erden

Folgend dem Gesetz der Stunde
zeigt die Hand gen Firmament
sie läutet ein die letzte Runde
das Glück steht auf dem Postament

Die Gedanken fliegen nochmals fort
das Leben malt so schöne Farben
die Erde ist ein Holder Ort
zurück nur bleiben tiefe Narben

Die Ernte fuhr man üppig ein
und konnte sich davon ernähren
es musste nicht das Beste sein
von dem man wusst´
es würde währen

Die Streben führn zur Himmelspforte
Schritt für Schritt auf goldner Leiter
dort ist man dann am rechten Orte
das neue Dasein geht dort weiter

Eigentlich ist Himmel schon auf Erden
wenn man den scharfen Blick dafür erhielt
man könnt schon hier zum Engel werden
wenn Gott nur nicht das Leben stiehlt

Gottes Licht

Es ist die Zeit, sie rennt uns fort,
weil wir sie unbarmherzig jagen,
wir hetzten sie von Ort zu Ort,
und hören uns noch töricht klagen.

Das Abenteuer hat ein jähes Ende,
wenn du erkennst, dass deine Zeit sich neigt,
da hilft kein Hoffen auf die Wende,
das Schicksal ist zu weit verzweigt.

Lasst uns noch mal in Hoffnung ruh´n,
ein letztes Mal mit kühlem Herzen,
man sollte das mit Muße tun,
dann sind vergessen all die Schmerzen.

Dankt Gott für uns´re Existenz,
er bleibt bei dem gegebnen Wort,
auf unsrer Erdenresidenz,
dem schönsten uns bekannten Ort.

Er weht uns fort, der Sturm des Lebens,
in einem Winkel der Geschichte,
es folgt der Lohn des steten Strebens,
zu sein in Gottes hellem Lichte

Der letzte Wunsch

Habt keine Angst vor dem Vergessen
eure Liebe nehmt ihr mit
könnt eure Freude kaum ermessen
vor eurem allerletzten Schritt

Habt Talente oft verschwendet
doch wart ihr meist des Glückes Kind
euch wurde Liebe satt gespendet
zurück bleibt nur des Herbstes Wind

Gebt dem Guten nur das Recht
eure Wege hier zu lenken
denn die Liebe, die war echt
maßlos dürft man sie verschenken.

Gehet gern die letzten Schritte
hinauf zu eurem lieben Herrn
bleibt nur die allerletzte Bitte
lebet glücklich und lebt gern

Spuren der Gerechten

Gebt ihr noch der Hoffnung eine Chance
die euch verlässt, sobald ihr trauert
haltet nur mit Mühe die Balance
denn dort ist niemand, der euch dauert

Bringt Ordnung in die Seelenklüfte,
stellt euren Lieben nicht zu viele Fragen
lasst ein ins Herz die Liebesdüfte
und ihr werdet still ertragen

Schenkt euer Herz den armen Seelen
die sonst nie die Sonne sehn
schreit es hinaus - mit hundert Kehlen
lasst sie mit euch gemeinsam gehen

Auf den Wegen der Glückseligkeit
auf die Spuren der Gerechten
kommt ihr nur durch Redlichkeit
so sind die Regeln, halt die Echten

Vergesst vor allem auch das Danken nicht
für alle eure tausend Sonnen
sie geben euch das warme Licht
und tausend wunderschöne Wonnen

Wenn ihr dann den Engel seht
mit seinen ernsten Augen
und ihr den Weg des Stoffes geht
mag's für ein schönes Ende taugen...

Bitterböse Gedanken

Wenn der fahle Mond die Sonne küsst
und die Welt dazwischen eifersüchtig wird
wenn du den hehren Sinn vergisst
und dein müder Geist nur Gram gebirt

Wenn deine Seele dir den Laufpass gibt
und dein Körper dich verlassen will
wenn dich auch wirklich keiner liebt
wird deine inn´re Stimme dann ganz still

Wenn dein Blick dich zu den Sternen führt
die dich umgeben, so wie eh
wenn die Faust der Wahrheit dich berührt
dann tut es dir auf einmal nicht mehr weh

Wenn du den Absprung leicht verpasst
und du der Uhren Pendel schwingen hörst
wenn du am Ende alles hasst
bleibt, dass du auf Erlösung schwörst

Wenn deine Sonne nicht mehr scheint
und deine Winde nicht mehr weh´n
wenn du dem Tode einst vereint
kannst du schon die Gräber sehn

Doch, wenn du ehrlich bist mit dir
kann auch alles anders sich ergeben
wenn du den Stein rollst fort von hier
wirst du sicher überleben

Das Lebensstück

Bist du bereit zum letzten Akt
der Souffleur schweigt grade still
die Kulissen fast verpackt
Applaus ist's, was man hören will

Wenn dann den Held der Tod ereilt
tost Beifall nach der letzten Szene
die Akte waren gut verteilt
in Hässliche und Wunderschöne

Steh'n oft ratlos auf der Bühne
gestalten kaum den Inhalt mit
doch man vergisst ganz ohne Sühne
dass das Ensemble drunter litt

Vor'm nahen End gibt's kein Entkommen
soll'n doch die Andren weiterspielen
bist von dem Schauspiel noch benommen
musst erst mal deine Nerven kühlen

Wo ist bloß der Sinn geblieben ?
spielt'n „Don Juan" und auch „Den Tor"
das Stück hat Gott allein geschrieben
wir tragen nur die Verse vor

Die Wahrheit

Gott, du gabst uns Weisheit pur
ließt uns das Ding an sich verstehen
lässt uns am End´ im Tode nur
in reiner Wahrheit fast vergehen

Gab´n jeder Lüge eine Chance
die Welt als Mensch zu sehen
fanden niemals die Balance
den einz´gen, rechten Weg zu gehen

Der Spiegel sagte uns die Wahrheit
wer wir sind und was wir tun
er gab uns jene milde Klarheit
die uns erlöst und uns lässt ruh´n

Ein Bündel voll mit Lust und Wonnen
tragen wir auf unsrem Rücken
woll´n uns im Geiste Gottes sonnen
kenn´ schließlich alle seine Tücken

Der Zauber ist verflogen
die Geister sind enttarnt
Gott hat uns nie belogen
die Wahrheit war seit je geplant

Der letzte Zug

Im goldenen Laternenlicht
liegt vor mir das letzte Bahngleis
die letzte Bahn noch nicht in Sicht
mit der ich noch einmal verreis´

Die Anzeige springt gerade um
sie zeigt jetzt auf „Nirwana"
dreh mich noch mal zum Eingang um
im Hintergrund klingt leis´ „Hosianna"

Mein Koffer neben mir parat
steh ich am Gleis zum Paradies
es ist so wie ein neuer Start
wenn die Erinn´rung mich nur ließ

Schon höre ich den Pfiff des Zuges
er beschreibt noch eine Schleife
herzukommen war was Kluges
ein Gedanke voller Reife

Die Waggons sind hell erleuchtet
die Lok fährt endlich ein...
eine Träne meine Wange feuchtet
d a s muss wohl der Abschied sein...

Mein letzter Eid

Das Leben strich mir übers Haar
der Herbst der hellen Lichter
denk oft daran, was ist, was war
bin eben nur ein Dichter

Die Personen kehren wieder
die meine Wege säumten
es klingen nochmals alte Lieder
ein Leben grüßt, von dem wir träumten

Egal, die Küsse und die Bilder
sie schlummern tief in meinem Innern
es war oft sanft, oft war es wilder
möcht´ mich an Liebe nur erinnern

Ein langer, tiefer Atemzug
vom kühlen Hauch der Lebenszeit
ist´s dann am Ende auch genug ?
es ist noch nicht mein letzter Eid !

Meine Pflicht

Der Sinn des Seins ist sein im Sinn
die Zukunft findet nicht mehr statt
das Lied des Lebens ist dahin
der Teufel setzte mich schachmatt

Die Zauberbilder, nur im Geiste
von Göttinnen in lichten Roben
das Einz´ge, was ich mir noch leiste
mich in Erinn´rungen austoben

Die Schmach – noch weiter atmen müssen
bleibt mir leider nicht erspart
möcht vielmehr die Musen küssen
dort oben, nach getaner Tat

Verbleibe noch die letzte Weile
bevor der tiefe Bass des Gottes spricht
ich habe seltsam hohe Eile
noch zu erfüllen meine Pflicht

Mein letzter Ruf

Lauerstellung hat das Schicksal eingenommen
wo sind die Liebestage ?
die Zukunft hat noch nicht einmal begonnen
da beginnt auch schon die Plage

Wo sind des Glückes Rufe ?
die mich dereinst ereilten
des Liebes Sinn auf höchster Stufe
Mein Lieb´ und ich die Sonnentage teilten

Dor Widerhall der alten Lieder
klingt mir noch hell im Ohr
wir sang´n sie immer wieder
in unsrem trauten Freundeschor

Ehr gebührt dem Herrn
der alles hier erschuf
denk an Vieles immer gern
„Hab Dank" sei nun mein letzter Ruf

Niemandsland

Du findest dich im Niemandslande
zwischen Tod und Leben
verlierst die allerletzte Bande
willst doch nur nach Liebe streben

Der Mut, er scheint dich zu verlassen
hohes Niveau hätt´ selbst dein Ende
sollst nur die bösen Geister fassen
wenn man doch nur die Guten fände

Brüstest dich mit guten Taten
dein Zaudern währt Millionen Jahre
kannst und willst nicht länger warten
dann ist dein Glück auch nicht „Das Wahre"

Taube Ohren

Ich bin nicht mehr von dieser Welt
die Kraft verlässt den starken Löwen
Die Menschen frönen nur dem Geld
ich liebe eh´r den Schrei der Möwen

Die Weisen ehr´ ich über Alles
sie steh´n wohl weit über den Dingen
wenn jenes dann bei mir der Fall ist
möcht´ ich von hehrer Weisheit singen

Wie oft musst ich von Wahrheit künden
wie oft stieß ich auf taube Ohren
Wenn mir noch Wünsche offen stünden
wünscht ich, ich sei noch nicht geboren

Die Lehre dieser holden Mär
ist, sei bei dir und bleib dir treu
dann ist die Welt für dich nicht leer
dein Leben scheint dir frisch und neu

Der ew´ge Mensch, der nicht vergibt
kann nicht die eigne Last ertragen
Er hasst sich selbst, weil er nicht liebt
Ein jeder sollte sich das fragen...

Das Paradies

Wir Menschen sind die große Herde
haben die Weide nur als Lehn
auf dieser wunderbaren Erde
Ich hab das Paradies gesehen

Wir kommen aus dem Kosmos her
als Staub vom ew´gen Feuer
wir sehen oft den Sinn nicht mehr
das kommt uns schwer und teuer

Doch kehren wir ins All zurück
mit allen unseren Bildern
dass ich jetzt fühl das große Glück
ist h i e r nicht mehr zu schildern

Der stumme Schrei

Ein stummer Schrei entflieht dem Sein
der allerletzte, der mir blieb
Mein Odem sog die Liebe ein
Der Tag ist wie ein kalter Hieb

Die Sterne geben mir noch Halt
Die Narben zu bedecken
Mein Körper, schwer und eiseskalt
Muss seine Wunden lecken

Der Mensch vergisst die guten Taten
Ist oft noch kleiner als ein Wurm
Die Stunden leb ich nur auf Raten
Hoff nun auf Gottes Gnadenturm

Ruhen im Gemach aus Schweigen
Das Chaos lässt nur Schlafen zu
Mag keine bösen Gesten zeigen
Das Alles ist´s, was ich noch tu

Dank dem, der mir die Hoffnung gab
Dem Ungemach entfliehen
Verstecke mich im gülden Grab
Möcht´ nicht der Liebe Sinn entziehen

Das Meer der Zeit

Die Stunde deiner Gegenwart
wird stets verschluckt vom Meer der Zeit
die Flut ertränkt die dürre Saat
die zwischen JETZT und EWIGKEIT

Am Grund der See liegt Leid und Freud zusammen
die wilden Fluten lassen nichts zurück
Das Sein, das einmal stand in Flammen
verlischt in e i n e m Augenblick

Nur das Land ist noch dein Leben
versinkt im Wasser, voller Schmerz
das Letzte, allerletzte Beben
berührt noch mal dein reiches Herz

Hoffnung

Weiche – Hoffnung – weiche
Du ewig wuchernd Grün
dich schlingend um der Körper
nutzlos scheinende Gebeine
Stets neu dir Blüten treiben
sattsam dem Lichte ausgesetzt
die Helle bringen in so manche finstre Seelenkluft

Weiche – Hoffnung – weiche
Verlass mich und nimm dich eh´r der Armen an
die deiner mehr bedürfen
denn mein noch ungebrochen Herz
Den Armen stütze – Hoffnung – DU
in dessen höchstem Zweifel
Gib ihm die Antwort, die ich nie erfragte

Weiche – Hoffnung – weiche
Vergib mir frevelnd Wort
ist es doch Ausdruck meiner Sehnsucht
nur nach dir – Du Hoffnung
Der endend Sinn lässt mir kein Aufgab mehr
Verzeih dem, dem du schon oft verzieh´n
Obwohl ich dürstend mich nach dir verzehre

Weiche – Hoffnung – weiche
Lass ab von meiner Seele, Geist und Körper
dann will ich meinem Grundsatz treu
von dir, demjen´gen künden, der Ohr und Herz mir öffnet
Dir, Hoffnung ewig Leben wünschend
mir das eitel, selig Ende
Zum neuerlichen Anfang stets bereit
sich dem Gefilde nähernd, derem Gesetz
dem hier ich schon begegnen durfte
ich willig mich ergebe...

Weiche – Hoffnung – weiche
dem ewigen Wort des Geistes sich verschreibend
was lautet dar
dass Alles nur ein Ganzes ist....

Hoffnung bleib

Bleibe – Hoffnung – bleibe
Du üppig wuchernd Grün
dich schlingend um der Körper .
leblos scheinende Gebeine
Stets neu dir Blüten treiben
sattsam dem Lichte ausgesetzt
die Helle bringen in so manche finstre Seelenkluft

Bleibe – Hoffnung – bleibe
Verlass mich nicht und nimm dich meiner an
der ich deiner mehr bedarf
denn manch noch ungebrochen Herz
Mich den Armen stütze – Hoffnung – DU
in meinem höchstem Zweifel .
Gib mir die Antwort, die ich jetzt erfrage

Bleibe – Hoffnung – bleibe
Vernimm mein flehend Wort
ist es doch Ausdruck meiner Sehnsucht
nur nach dir – Du Hoffnung
Der endend Sinn lässt mir noch Aufgab satt
Verzeihe dem, dem du schon oft verzieh´n
Derweil ich dürstend mich nach dir verzehre

Bleibe – Hoffnung – bleibe
Lass ab von meiner Seele, Geist und Körper
dann will ich meinem Grundsatz treu
von dir, demjen´gen künden, der Ohr und Herz mir öffnet
Dir, Hoffnung ewig Leben wünschend
mir einst das eitel, selig Ende
Zum neuerlichen Anfang stets bereit
sich dem Gefilde nähernd, derem Gesetz
dem hier ich schon begegnen durfte
ich willig mich ergebe...

Bleibe – Hoffnung – bleibe
dem ewigen Wort des Geistes sich verschreibend
was lautet dar
dass Alles nur ein Ganzes ist....

Wohin

Zu Dir
Vom Tag des hellen Lebens
ins e´wge Dunkel der unsterblichen Nacht des Alls
Gib mir die liebgewonnenen Gedanken
an die Zeit der Liebe und den Raum der Erde
mit auf den Weg ins unendliche Land
der schweren, einsamen Lehre des Glaubens
an die unsterbliche Einheit
von sich und seinem Geiste
der stetig drängend, zum Ende allen Wesens
sanft die Ewigkeit berührt

Endzeit

Seh´ ich das Meer
im hellen Licht des Mondes
glitzernd wie ein See der Trauer
im Schein der hehren Weisheit
eines kurzen Einblicks in die Hallen der Natur

Fand ein Zeichen meines Lebens
trotz Finsternis im lichten Hell
Fand auch das Fenster zur Ewigkeit, sah scheu
geblendet vom Licht der Schönheit des Alls
den Weg der Weisheit

Von Sternenstaub zu Sternenstaub
nur EIN Augenblick der Liebe
Wer sie schaute ist Hüter des Geheimnisses
des im warmen Licht geborenen Lebens

Die Ewigkeit wird uns alle lehren
zu danken für den Strahl
der warm uns traf, im Dunkel der ewigen Nacht
nie zu vergessen der geliebte Tag
das Dasein unserer Liebe

Das letzte Wort

Am Ufer der menschlichen Sinne
am Horizont der menschlichen Seele
steht ein einsames Wort
wartend auf seine letzte Nennung
Im Angesicht der göttlichen Lippen
die es auszusprechen wagen
im Anflug einer Erfüllung verschrieben
und doch endgültig

Ausgleich im lebendigen Wort
sucht das gehetzte Herz
sucht die eine einzige Silbe
In durch einen im Feuer untergehenden Dialog
mit sich und seinen Bildern vom hungrigen Geist
der ungesättigt den letzten Flug des einsamen Atoms
mitzumachen sucht

Immer im Schatten der Allmacht des Schweigens zu stehen
lässt das Wort beherzt zu einem letzten
allerletzten Schrei aufschwingen
der doch im Äther verhallen wird
wie ein Flüstern im All
Der letzte Schlag meiner müden Zunge
soll künden vom ungebrochenen Willen
einer sterbenden Seele, sich ans Ufer
der im hellen Licht verborgenen Ewigkeit
retten zu wollen

Hohe Eile

Dir bleibt kaum der nächste Atemzug,
in deiner lichten Klause,
andre halten dich für klug,
ist diese Welt noch dein Zuhause?

Hörst schon den Klang des Glockenschlages,
der die nächste Stunde kündigt,
verlässt alsbald das Licht des Tages,
hat Gott dich gänzlich schon entmündigt?

Hoffnung weht in mildem Hauch,
über deine Geisteshügel,
das ist der Tag, du fühlst es auch,
der deinem Denken schenke Flügel!

Ein buntes Treiben begleitet deine Träume,
wie einst im echten Leben,
es zeigte dir oft hohe Bäume
die Duft der Blüten und auch Schatten geben!

Dein Hain mag eben in sich ruh'n,
das fühlst du, weißt du lediglich,
dein Trachten, deine Lust, dein Tun,
die Worte bleiben ewiglich!

Vermagst die Stund danach nicht mehr sehn,
nach deiner letzten Zeile,
musst du den Weg der Wahrheit geh'n
... es ist wohl hohe Eile!!!

Danksagung

Allen Beteiligten, die in irgendeiner Weise am Zustandekommen dieses Buches mitgewirkt haben, möchte ich an dieser Stelle noch einmal herzlichen Dank sagen.

Gabriele Bauer
Jan Bauer
Alexander Mühlenburg
Petra Seynstahl